LES CÉLÉBRITÉS D'AUJOURD'HUI

La Comtesse
Mathieu de Noailles

PAR

RENÉ GILLOUIN

BIOGRAPHIE CRITIQUE
ILLUSTRÉE D'UN PORTRAIT-FRONTISPICE
ET D'UN AUTOGRAPHE
SUIVIE D'OPINIONS ET D'UNE BIBLIOGRAPHIE

PARIS

BIBLIOTHÈQUE INTERNATIONALE D'ÉDITION

E. SANSOT & Cⁱᵉ

7, RUE DE L'ÉPERON, 7.

MCMVIII

COMTESSE DE NOAILLES

IL A ÉTÉ TIRÉ DE CET OUVRAGE :

Dix exemplaires sur Japon impérial, numérotés de 1 à 10 et douze exemplaires sur Hollande, numérotés de 11 à 22.

N°

Comtesse Mathieu de Noailles

LES CÉLÉBRITÉS D'AUJOURD'HUI

La Comtesse
Mathieu de Noailles

PAR

RENÉ GILLOUIN

BIOGRAPHIE CRITIQUE
ILLUSTRÉE D'UN PORTRAIT-FRONTISPICE
ET D'UN AUTOGRAPHE
SUIVIE D'OPINIONS ET D'UNE BIBLIOGRAPHIE

LABO
RE
MVS

PARIS
BIBLIOTHÈQUE INTERNATIONALE D'ÉDITION
E. SANSOT & Cie
7, RUE DE L'ÉPERON, 7.

MCMVIII

LA COMTESSE
MATHIEU DE NOAILLES

La comtesse Mathieu de Noailles descend par
son père de la puissante maison valaque des
Bibesco, devenus Brancovan par adoption au milieu
du XIXe siècle. Son grand-père Georges Bibesco,
hospodar de Valachie de 1843 à 1848, avait
épousé une princesse moldave de race grecque,
Zoé Mavrocordato, fille adoptive du dernier des
princes Bassaraba de Brancovan. Celui-ci vécut
assez pour adopter également le fils aîné de
Georges Bibesco et de Zoé Mavrocordato,
Grégoire, à qui furent transférés tous les titres,
privilèges et dignités de l'antique famille des
Brancovan. La princesse actuelle de Brancovan,
sa veuve, mère de Constantin de Brancovan que
Paris a connu directeur de la *Renaissance latine*,

et de Mesdames la comtesse de Noailles et la princesse de Chimay, appartient à la famille grecque orientale des Musurus, où la haute culture est traditionnelle. Un cardinal Musurus fut l'ami et le collaborateur d'Erasme, et l'auteur d'une recension de Platon. Le père de Madame de Brancovan, Musurus Pacha, ambassadeur de Turquie à Londres, a laissé une traduction de Dante en grec ancien. On sait quelle admirable pianiste est la princesse de Brancovan elle-même.. Le mélange en Madame de Noailles des sangs des Bibesco, des Musurus et des Mavrocordato peut expliquer, ou au moins symboliser, la diversité de son génie âpre et viril, mol, pliant et passionné, amoureux pourtant de raison et de mesure.

L'enfance de Madame de Noailles s'est partagée entre Paris où elle est née et la Haute-Savoie où la princesse de Brancovan passe plusieurs mois chaque année en son château d'Amphion, sur les bords du lac de Genève. Cette région de la Haute-Savoie est un pays à deux visages, l'un tendre et presque voluptueux, où déjà s'empreint la mollesse italienne, l'autre, touché de la rudesse alpestre, où l'expression de la passion se nuance de gravité, de concentration et de profondeur. C'est celui-ci surtout qu'en ses jeunes années aimait à contempler Madame de Noailles. Les souvenirs de Saint François de Sales et de Jean-Jacques Rousseau en précisaient pour elle le sens émouvant, et c'était

toute une sensibilité catholique et romantique
dont s'imprégnait son cœur précoce :

> Un romanesque ardent émanait de cette eau
> Comme au temps de Byron, comme au temps de Rousseau...
> C'était une sublime, immense rêverie...
> — Soir des lacs, bercement des flots, rose coteau,
> Village qu'éveillait le remous d'un bateau,
> Petits couvents voilés par des aristoloches,
> Senteur des ronciers bleus, matin frais, voix des cloches
> Voix céleste au-dessus des troupeaux, voix qui dit :
> « Il est pour les agneaux de luisants paradis »...
> Barque passant le soir en croisant ses deux voiles
> Comme un ange attendri courbé sous les étoiles,
> C'est vous qui m'avez fait ce cœur triste et profond,
> Si sensible, si chaud que l'univers y fond. (1)

Les jardins et la campagne d'Amphion sont à
la source de ce qu'il y a de plus pur et de plus
pénétrant dans le sentiment de la nature de
Madame de Noailles.

Ce sentiment se manifesta chez elle de bonne
heure, non-seulement avec une rare intensité,
mais avec une qualité tout originale. Un jour de sa
toute enfance, au cours d'une promenade elle
entendait les grandes personnes causer de *décorations*.
Ayant demandé qu'on lui expliquât ce mot nouveau
pour elle : « les décorations, lui fut-il répondu,
sont la récompense des belles actions ». A ce
moment les promeneurs passaient sous un ma-

(1) *Les Éblouissements*, p. 211.

gnifique acacia qui embaumait : « Eh bien ! s'écria l'enfant, pourquoi ne décore-t-on pas cet acacia ?» Petite fille issue du panthéiste Orient, le premier mouvement de son cœur en face de la nature est celui même de Xerxès chargeant de bracelets et de colliers son fameux platane. «Tout ce qui vit ici,» écrira-t-elle plus tard,

> Tout ce qui vit ici, la fontaine, le banc,
> La cloche du jardin qui sonne,
> Le délicat cerfeuil qui frise sous le vent
> *Sont pour moi de douces personnes.* (1)

L'autre amour de Madame de Noailles enfant, ce fut la musique, l'Art-Femme, synthèse obscure de tout idéalisme et de toute sensualité. Des années, comme dans les jardins, elle a vécu dans la musique sans savoir que c'était son plaisir, sa douleur, sa plénitude. Cœur puéril et passionné que le désespoir solitaire, tendu, sublime de Beethoven, l'ardeur molle et brisée de Chopin, ses sonates

> Dont l'andante est si fort que la main sur son cœur
> On ne sait si l'on meurt de peur ou de bonheur, (2)

la nostalgie fiévreuse, la mortelle irritation de Wagner contractaient jusqu'à l'oppression, exaltaient jusqu'au délire !

(1) *Les Eblouissements,* p. 253.
(2) *Les Eblouissements,* p. 302.

Mais quel vertige amer et quel trouble profond !
Le livide plaisir s'emplit d'ombre et d'angoisse ;
Musique, qui nous tient, nous lie et nous terrasse,
Que tes jeux sont aigus et quel mal ils nous font ! (1)

Et penchons-nous sur la rêverie de Sabine de Fontenay, — cette héroïne de la *Nouvelle Espérance* où Madame de Noailles a tant mis d'elle — tandis qu'elle écoute chanter son cousin Jérôme : « Ah ! la musique, la musique ! l'homme et la femme si misérables, l'amour si impossible, tout si triste et si bas autour d'eux, et la musique qui leur fait en rêve ces corps de lumière, ces bouches de larmes et de suavité, ces regards plus déchiffrés et plus adhérents que les mains autour des cous renversés... Mon Dieu ! pensait-elle, comme cela fait mal et pourquoi toujours cette vague attente du baiser ? » (2) Perçoit-on dans cette effusion lyrique le double aspect d'idéalisme et de sensualité par quoi nous caractérisions la musique elle-même ? Au cours de cette étude se préciseront les analogies qui font de Madame de Noailles le plus *musical* de nos poètes.

A quinze ans, elle eut une crise de mysticité où ses lectures favorites furent l'*Imitation*, et Pascal qu'elle ne comprenait guère, mais qui l'émouvait puissamment. Elle n'en goûtait pas moins d'ailleurs et Racine, et Hugo, et Musset, et Loti. C'est plus tard seulement qu'elle connut et aima la Grèce, par les poètes épigrammatiques et Anatole France.

(1) *L'Ombre des jours,* p. 120.
(2) *La Nouvelle Espérance,* p. 33.

Mais l'évènement intellectuel de son adolescence, ce fut la découverte de la philosophie de Taine. Une après-midi de printemps dont elle a gardé l'exacte mémoire, sur une colline près de Monte-Carlo, dans le soleil et l'odeur des fleurs, quelqu'un en qui elle avait mis sa confiance lui expliqua que le vice et la vertu sont des produits comme le vitriol et le sucre, et tout ce qui s'ensuit pour la morale et la métaphysique. Chaque parole de l'initiateur écartait un voile, dissipait un rêve, ruinait un espoir ; mais de la mer étincelante sous le soleil éternel, de la flûte d'un pâtre assis au bord du chemin et de son désespoir même jaillissait pour elle un frénétique appel à jouir de cette vie si courte... O indigente et basse philosophie ! Que de jeunes esprits n'a-t-elle pas vainement désolés, quand encore elle ne les a pas pervertis ! Et c'est assurément un problème de savoir comment et dans quelle mesure l'erreur peut engendrer la vérité ou se revêtir de beauté, mais le fait est que la philosophie de Taine, utile en son temps à l'avancement des études psychologiques, s'étant infiltrée d'autre part dans la sensibilité romantique, fond commun de tous les poètes du siècle, y a formé la source encore aujourd'hui jaillissante d'un pathétique nouveau et déchirant. Madame de Noailles l'a elle-même finement noté, chez Musset, et on peut étendre cette observation à tous les artistes de son époque, le désespoir est sans âcreté, et le bonheur sans ironie. Or c'est l'inévitable effet d'une

telle philosophie, avec ses négations brutales, et le
divorce radical qu'elle accuse entre nos aspirations
et la réalité, d'introduire dans la sensibilité un
principe, soit d'âcreté, soit d'ironie. Barrès, qui
excelle à cumuler les bénéfices de positions con-
tradictoires, a développé dans l'une et l'autre
direction son romantisme, et, pour tout dire,
aggravé son mal tellement, qu'il dut enfin se mettre
en quête d'un remède. Dans l'œuvre de Barrès
qu'elle sait par cœur, Madame de Noailles a bu à
longs traits le poison, — et repoussé le remède,
qui d'ailleurs, pour des raisons aisées à saisir, ne
lui convenait en effet nullement ; de sorte que
sous son génie accablée elle défaille, sans qu'on
voie d'où lui viendrait le secours.

Sa vocation s'affirma de très bonne heure. Vers sa
dixième année elle vit venir en visite à Amphion,
à quelques jours d'intervalle, un prince régnant et
Frédéric Mistral. Elle vénéra, adora Mistral et
négligea le prince. Dès lors son choix était fait :
déjà elle s'essayait à versifier... Peu d'années plus
tard, à Paris, sans cesse elle entraînait sa gouver-
nante vers le lycée Janson, où l'attirait invinciblement le visage de Pascal. Après avoir de 11 à 16 ans
couvert de prose de volumineux cahiers, elle revint
à la poésie. C'est seulement en 1901, après son
mariage, qu'elle publia son premier livre, le *Cœur
innombrable*, depuis assez longtemps déjà achevé.
Puis parurent l'*Ombre des Jours* (1902), la *Nouvelle*

Espérance (1903), le *Visage Emerveillé* (1904), la
Domination (1905), les *Eblouissements* (1907) : trois
romans, trois recueils de poèmes. Dès son premier
livre elle saisit l'opinion, ne fut indifférente à
personne. Elle eut des détracteurs passionnés qui
feignaient de croire que son nom, sa situation
mondaine et sa beauté constituaient l'essentiel de
son génie ; des adorateurs persuadés que leur
enthousiasme eût été le même si elle eût été
pauvre, laide, et se fût appelée Durand ;
des admirateurs mesurés, plus ou moins sensibles
à la nouveauté et à l'abondance de son inspiration,
ou aux imperfections de sa forme : — envie,
admiration, amour, aube éclatante de sa jeune
gloire... Au vrai, pour tout esprit non prévenu,
son génie est incontestable ; et c'est une question
intéressante de savoir si et en quoi sa situation
mondaine a pu la servir ou lui nuire.

Pour un homme, et plus encore pour une femme
qui se voue à l'art, il est trop clair qu'un grand
nom, une belle fortune présentent des avantages
pratiques inappréciables. Encore ne vont-ils point
sans quelque inconvénient. La part qui est due à
la mode dans un succès s'épuise vite : le dernier
livre de vers de Madame de Noailles, les *Eblouissements*, ne semble pas avoir reçu, au moins dans
la presse, un accueil aussi chaud que le *Cœur
innombrable* et l'*Ombre des Jours*, et pourtant il leur
est aussi supérieur que l'est la *Nouvelle Espérance*
au *Visage* et à la *Domination*. Mais c'est surtout au

point de vue de son développement intérieur que
l'artiste dans des conditions extérieures trop favo-
rables trouve de graves périls. Surveillé et limité
par son milieu il surveille et limite à son tour ses
sentiments, ou au moins leur expression ; il n'ose
pas oser, perdre la pudeur, ce qui est la condition
première de tout art. Isolé d'ailleurs de la vie, il
ne sait ou ne veut pas se mettre en quête d'elle,
et si parfois il la rencontre, il ne s'en rend point
le maître, ignorant du rude effort qu'il y faut. Or
de ce double péril Madame de Noailles a été préservée
par la sincérité entière, irréductible de sa nature et par
sa prodigieuse perméabilité à toutes les émotions.
Sincérité, candeur, spontanéité, naïveté, ingénuité,
autant de mots qui d'eux-mêmes, qu'on la lise ou
l'écoute, vous viennent aux lèvres. « Sabine, écrit-
elle, et on est invinciblement tenté de lui appliquer
à elle, la part faite à beaucoup d'ironie, cette
caractéristique de son héroïne, « Sabine discutait,
affirmait comme on fait un serment ; elle avait
toujours l'air de dire à la suite de ce qu'elle énon-
çait : « Je vous jure que c'est ainsi » ; elle pronon-
çait : « Cela est vrai...» sur le ton dont elle aurait
crié : « J'ai soif...» avec une assurance puisée au lieu
même de la certitude physique et du besoin...» (1).
Plus peut-être qu'il n'eut fallu parfois pour
son repos, Madame de Noailles a le courage d'elle-
même et de toute elle-même. Quant à sa sensibi-

(1) *Nouvelle Espérance,* p. 16.

lité, en fut-il jamais de plus aisément blessable, de plus continûment frémissante ? Je l'ai vue s'émouvoir jusqu'aux larmes à la soudaine évocation d'un chagrin vieux de vingt ans. Sensible, comme Sabine « jusqu'au trouble de l'esprit et jusqu'au malaise physique », Madame de Noailles ignore la paix et le repos des nerfs, sinon du cœur :

> Je suis l'être que tout enivre et tout afflige...
> Et je vis étonnée, aveuglée, ébouie,
> Sachant bien que pourtant la détresse inouïe
> A depuis mon enfance exalté tous mes jours...
> Hélas ! je vis, toujours errante et toujours ivre
> Je vis, pleine d'azur, de sanglots, de souhaits...

Qu'avez-vous fait, demande-t-elle à ses vers

> De ces désirs, ces cris, ces éblouissements
> Si tendres, si joyeux, si tristes, si sensibles
> Qu'un autre être que moi ne les croit pas possibles,
> Et s'il portait mon cœur mourrait d'épuisement ?

Remarque-t-on la force des expressions: enivrée, pâmée, exaltée, éblouissements, détresse, épuisement ? Chez Sabine, écrit encore Madame de Noailles, « la flamme montait des profondeurs du sang, faisait sur la pensée, sur la raison, danser son rouge incendie. Nulle réserve, nul jugement en cet esprit que la première vague emplissait... » La tendance ou la tentation du poète, c'est de faire ou de laisser *donner* en chaque occasion sa sensibilité tout entière. Le péril, bien différent de celui qu'on eût pu craindre, c'est dès lors que sous ce flot

innombrable et monotone de sensibilité les plans
et les reliefs de son univers s'atténuent jusqu'à
disparaître, c'est que ses sentiments et leurs objets
les uns par rapport aux autres ne s'ordonnent ni
ne se situent. Et sans doute ce péril-là s'aggrave-t-
il des conditions mêmes d'une vie trop facile. A
Madame de Noailles comme à ce Philippe l'Arabe
que Barrès nous montre réduit à une extrême
ingéniosité pour satisfaire son besoin de s'attendrir,
les circonstances ont composé une solitude : certaines expériences douloureuses, les unes inutiles,
les autres utiles, indispensables peut-être, lui sont
suivant le point de vue, épargnées ou interdites ;
elle s'enivre, elle *meurt* d'émotions que néglige
l'ordinaire des malheureux :

> Si l'on t'avait appris qu'un cœur toujours malade
> Et blessé chaque soir d'ombre et de volupté
> Ne goûte qu'en mourant l'odeur des roses thé
> Dans l'air chaud remué par les cris des pintades... (1)

Défaut charmant, trop charmant, mais défaut
pour un poète accessible d'ailleurs aux sentiments
généraux et profonds, à ceux que suscitent la
Nature, l'Amour et la Mort, identiques dans
toutes les conditions humaines. La pente naturelle
de Madame de Noailles est à une certaine
exagération, et les circonstances ont dû accen-
tuer plutôt qu'atténuer cette inclination, qu'une
raison suffisamment ferme n'est pas venue

(1) Les *Eblouissements*, p. 311.

jusqu'ici réfréner. Mais cette réserve faite, hâtons-
nous de reconnaître que l'originalité profonde de
Madame de Noailles est indépendante de toute
condition extérieure, s'il est vrai qu'à aucun poète
de sa génération il n'a été donné de reprendre et de
renouveler aussi puissamment quelques-uns des
thèmes éternels du lyrisme.

Je ne sais qui a dit que s'il était une petite fille
qui fût née sous un chou, c'était certainement
Madame de Noailles. Le mot est joli, mais un peu
injuste. Sans doute les jardins, même potagers,
ont leur part dans l'amour de Madame de Noailles;
et ne faut-il pas remercier le poète qui le premier
sut dégager l'humble beauté de nos légumes ?
Mais en vérité ce n'est pas assez dire que d'appeler
Madame de Noailles la Muse des Jardins. Que l'on
considère son œuvre d'ensemble : c'est bien à la
Nature qu'elle est dédiée comme une magnifique
offrande, à la toute puissante, à l'universelle Nature,
à celle de Lamartine, de Vigny et de Hugo :

> Nature au cœur profond sur qui les cieux reposent
> Nul n'aura comme moi si chaudement aimé
> La lumière des jours et la douceur des choses,
> L'eau luisante et la terre où la vie a germé... (1)

Ce que Madame de Noailles apporte de nouveau,
et par quoi elle se manifeste bien de ce temps

(1) *Cœur*, p. 7.

où Baudelaire et les naturalistes ont joint leurs influences à celle des grands Romantiques, c'est une sensualité inépuisable, unie à une extrême précision descriptive. Elle jouit et souffre de la nature par tous les sens, par le goût surtout, l'odorat et la vue, et par cette sensibilité générale et profonde, particulièrement abondante chez la femme, jusqu'à former comme un sixième sens, à la faveur duquel les sensations des autres se mêlent, se confondent et se multiplient. Elle peut analyser en huit strophes, étonnantes d'invention verbale, les *Saveurs de l'air* :

> Mon Dieu ! que j'ai goûté la douce odeur de l'air,
> De l'air charmant, glissant et clair
> Odeur simple au matin, et le soir si chargée
> De feu, de lueur orangée ! *(1)*

Elle voudrait absorber l'univers comme une enivrante liqueur :

> Il n'est pas suffisant qu'on regarde et qu'on touche
> Les vergers odorants et verts ;
> Je voudrais n'être plus qu'une amoureuse bouche
> Qui goûte et qui boit l'univers (2).

A savourer les parfums elle apporte le même mélange de sensualité et d'analyse :

(1) *Eblouissements*, p. 39.
(2) *Eblouissements*, p. 264.

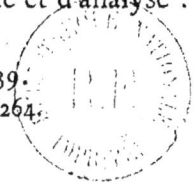

Mon cœur est un palais plein de parfums flottants
Qui s'endorment parfois aux plis de ma mémoire...
Parfum des fleurs d'avril, senteur des fenaisons,
Odeur du premier feu dans les chambres humides,
Aromes épandus dans les vieilles maisons... (1)

Il n'est pas jusqu'à l'image visuelle elle-même, aussi nette, aussi intense que chez Hugo, qui, au lieu de rester comme chez celui-ci et conformément à son usage ordinaire, avant tout représentative, ne se prolonge immédiatement, elle aussi, en sensualité :

O pulpe lumineuse et moite du ciel tendre !
Espace où mon regard se meurt de volupté,
O gisement sans fin et sans bord de l'été,
Azur qui sur l'azur vient reluire et s'étendre,
Coulez, roulez en moi... (2)

Après cela, on ne s'étonnera pas que Madame de Noailles soit de tous ses nerfs accessible aux mille influences des saisons, du jour et de l'heure. Avec une inlassable et subtile complaisance, elle a noté les multiples aspects de la changeante nature, ses complicités et ses désaccords avec la mobile humanité.

C'est le « printemps vert amer » :

Un oiseau chante, l'air humide
Tressaille d'un fécond bonheur,
Un secret puissant et languide
Traîne sa vapeur, sa moiteur... (3)

(1) Cœur, p. 69, id. Sur les mains Eblouissements, p. 343.
(2) Eblouissements, p. 162.
(3) Eblouissements, p. 88.

C'est le languissant, le luxurieux été :

> C'est l'été, je meurs, c'est l'été...
> Un désir indéfinissable
> Est sur l'univers arrêté
> Ah ! dans les plis légers du sable
> Le tendre groupe projeté
> D'un rosier blanc et d'un érable !
> Le cœur languit de volupté... (1)

C'est l'automne :

> Comme toutes les voix de l'été se sont tues !
> Pourquoi ne met-on pas de mantes aux statues ?
> Tout est transi, tout tremble et tout a peur ; je crois
> Que la bise grelotte et que l'eau même a froid.
>
> Les feuilles dans le vent courent comme des folles... (2)

Et c'est l'hiver enfin, le rude et consolant hiver,

> L'hiver sans volupté, sans chants et sans odeur (3)

Voici la douceur du matin :

> Candide, charmant
> Comme une fleur qui naît et comme un pépiement.
> Tout est plus jeune encor que l'enfance... (4)

Voici Midi paisible :

(1) *Eblouissements*, p. 67.
(2) *Cœur*, p. 83.
(3) *Ombre des Jours*, p. 53.
(4) *Eblouissements*, p. 100.

Midi glisse et languit, la vie est assoupie...
Repos dans la nature ardente ! Les demeures
Ont laissé retomber les doux stores d'osier
Rien ne bouge ; on dirait que des insectes meurent
Entre le sable chaud et l'ombre des rosiers.

On n'a pas de regrets, pas de désir, pas d'âge (1)

Voici un après-midi de juillet dans la maison :

A l'ombre des volets la chambre s'acclimate ;
Le silence est heureux, calme, doux, attiédi,
Pareil au lait qui dort dans une fraîche jatte ;
La pendule de bois fait un bruit lent, hardi,
Semblable à quelque chat qui pousse avec sa patte
Les instants, dont l'un chante et l'autre est assourdi. (2)

Voici un Crépuscule au Jardin :

O divin crépuscule, odeur de roses blanches !
Le soir est du soleil arrêté dans les branches.
Les arbres des jardins épandent leurs rameaux
Et partagent la paix triste des animaux ;
Tout est pensif, chargé de désir et de rêve,
Une vapeur descend, une autre se soulève...
Le tilleul inquiet, l'érable faible et blanc
Font un geste secret, désespéré, tremblant... (3)

Voici une sensation d'avant l'orage :

Ah ! je ne savais pas ce que c'était, c'était
La lente oppression qui précède l'orage...
J'appuyais mes deux mains sur mon cœur ; j'écoutais
Frémir en moi la peur, la soif, la triste rage,

(1) *Eblouissements,* p. 28.
(2) *Ibid.,* p. 129.
(3) *Eblouissements,* p. 307.

Je me levais, j'allais, les doigts en éventail,
Un sang rapide et chaud étourdissait ma tête. . (1)

Voici des impressions d'après l'ondée :

Dieu merci la pluie est tombée
En de fluides longues flèches,
La rue est comme un bain d'eau fraîche,
Toute fatigue est décourbée...

Un parfum de verdure nage
Dans toute cette eau renversée ;
A petites gouttes pressées
L'été s'évade du naufrage. (2)

Mais la sensibilité de Madame de Noailles se limite rarement à la volupté passive de la sensation pure. Non contente de ressentir l'univers, elle veut le posséder, s'abîme en lui, l'abîmer en elle. Voyez, s'écrie-t-elle,

Voyez de quel désir, de quel amour charnel
De quel besoin jaloux et vif, de quelle force
Je respire le goût des champs et des écorces.
Je vivrai désormais près de vous, contre vous,
Laissant l'herbe couvrir mes mains et mes genoux,
Et me vêtir ainsi qu'une fontaine en marbre... (3)

Son vœu le plus cher, c'est d'

Etre dans la nature ainsi qu'un arbre humain,
Etendre ses désirs comme un profond feuillage,
Et sentir, par la nuit paisible et par l'orage,
La sève universelle affluer dans ses mains. (4)

(1) *Eblouissements*, p. 130.
(2) *Ombre des Jours*, p. 63.
(3) *Cœur*, p. 58.
(4) *Cœur*, p. 73.

Saisit-on ce mélange perpétuel, cette constante fusion de l'homme et de la nature ?

> Rire, fraîcheur, candeur, idylle de l'été !
> Tout m'émeut, tout me plaît, une extase me noie,
> J'avance et je m'arrête ; il semble que la joie
> Etait sur cet arbuste, et saute dans mon cœur !
> Je suis pleine d'élan, d'amour, de bonne odeur,
> Et l'azur à mon corps mêle si bien sa trame,
> Tout est si rapproché, si brodé sur mon âme,
> Qu'il semble brusquement à mon regard surpris
> Que ce n'est pas le pré, mais mon œil qui fleurit
> Et que, si je voulais, sous ma paupière close,
> Je pourrais voir encor le soleil et la rose (1)

De tels accents sont très nouveaux dans notre littérature. Ils différencient Madame de Noailles non seulement des naturalistes qui décrivent la nature comme une réalité étrangère, mais d'un Chateaubriand, d'un Hugo, que la nature émeut certes profondément, mais qui devant elle n'en restent pas moins, si l'on peut dire, intérieurs à eux-mêmes. D'un mot et dans tout le sens de ce mot, la sensibilité de Madame de Noailles est panthéiste, jusque-là que la certitude d'une union plus étroite avec la nature dans la mort (étrange illusion, pour le dire en passant, de croire qu'on sera plus proche de la nature mort que vivant) lui tient lieu des espérances qu'on demande d'ordinaire à la religion:

> Je ne souhaite pas d'éternité plus douce
> Que d'être le fraisier arrondi sur la mousse... (2)

(1) *Eblouissements*, p. 268
(2) *Eblouissements*, p. 211.

et encore :

> O mort, vraiment pourrez-vous faire,
> Ayant dissous mon cœur content,
> Que je sois ce que je préfère :
> Un éclat d'azur dans le temps ? (1)

Telle est la puissance de cet amour qu'il empiète sur le domaine ordinaire des autres amours, amour humain :

> Les forêts, les étangs et les plaines fécondes
> Ont plus touché mes yeux que les regards humains (2)

Amour divin :

> Moi qui ne peux pas croire aux promesses des cieux,
> Je vous adore avec la part qu'on donne à Dieu (3)

De fait, si Madame de Noailles prie, c'est vers le soleil que monte sa prière :

> C'est ma prière unique et ma foi naturelle
> De plier mes genoux orgueilleux sur tes pas... (4)

> Ma joie est un jardin dont vous êtes la rose,
> Enorme soleil d'or, flamme en corolle éclose,
> Héros, d'ardents regards et de flèches armé,
> Soleil, mille soleils en vous seul enfermés !...
> Moi seule, en vous voyant je prie et je chancelle... (5)

Mais non plus que l'amour, l'adoration ne suffit

(1) *Eblouissements*, p. 289.
(2) *Cœur*, p. 7.
(3) *Eblouissements*, p. 211.
(4) *Eblouissements*, p. 141.
(5) *Ibid.*, p. 81-86.

encore à ce cœur qui ne se satisfait que du
délire. L'aurore d'un beau jour d'été, lumière,
azur, parfum, gazouillement d'oiseaux, bourdon-
nement d'abeilles, la remplit d'une ivresse dony-
siaque :

> Vivre ! chanter la gloire et le plaisir de vivre !
> — Et puisqu'on n'entend plus, ô mon Bacchus voilé
> Frissonner ton sanglot et ton désir ailé,
> Puisqu'au moment luisant des chaudes promenades
> On ne voit plus jouer les bruyantes Ménades,
> Puisque nul cœur païen ne dit suffisamment
> La splendeur des flots bleus pressés au firmament,
> Puisqu'il semble que l'âpre et l'enivrante lyre
> Ait cessé sa folie, ait cessé son délire,
> Puisque dans les forêts jamais ne se répand
> L'appel rauque, touffu, farouche du dieu Pan
> Ah ! qu'il monte de moi, dans le matin unique,
> Ce cri brûlant, joyeux, épouvanté, hardi,
> Plus fort que le plaisir, plus fort que la musique,
> Et qu'un instant l'espace en demeure étourdi... » (1)

On le voit, l'attitude du poète en face de la
nature correspond assez exactement, sauf quelque
excès de sensualité peut-être, à l'image que nous
pouvons nous former du Paganisme exalté des
Mystères. Ce n'est pas la Grèce de la tradition
universitaire, mais c'est une Grèce authentique.
Une fois encore, par l'élan seul de son génie,
Madame de Noailles renoue la chaîne interrompue
de ses origines.

(1) *Eblouissements*, p. 91.

Cependant, cette sensibilité si merveilleusement abondante, le seul amour de la nature suffira-t-il à l'absorber ? Une âme moderne peut-elle se reposer dans le pur naturalisme ? Il y a au fond de l'âme de Madame de Noailles, comme de tant d'âmes de son siècle, une inquiétude essentielle, une douloureuse ardeur de changement et de fuite, une fureur de toujours et de tout sentir :

> Qu'aucune flèche, aucune flamme,
> Aucune aride pâmoison
> Ne soit épargnée à cette âme
> Qui veut défaillir de frisson...
> Ah ! goûter tout ce qui tourmente ! (1)

Si instable et oscillante est cette sensibilité qu'à la rigueur les extrêmes s'y touchent :

> Mon Dieu ! mon Dieu ! la paix touche au délire aussi ! (2),

et que sans cesse par des transitions rapides et insensibles s'y transmuent l'une en l'autre la volupté et la douleur :

> Chère douleur, ô seul brisement délectable !...
> Vous par qui l'on sanglote et vous par qui l'on rit,
> Rire d'inconsolable et mortelle allégresse ! (3)

« Je n'ai pas le sens des degrés du plaisir, dit Sabine. Il n'y a qu'un plaisir, c'est ce qui fait

---

(1) *Eblouissements*, p. 381.
(2) *Eblouissements*, p. 26.
(3) *Eblouissements*, p. 311.

mal... » (1) Désordonnés mouvements du cœur, dont la nature ne saurait être l'objet, non plus que la cause ! Aussi bien la nature elle-même suscite au cœur qu'elle ne suffit point à combler la nostalgie d'un autre amour :

> Vaporeuse douceur de l'air tremblant et pur,
> Paysage d'été luisant sous ma fenêtre,
> Miel du soleil épars sur les coteaux d'azur,
> Allégresse du jour léger qui vient de naître...

> Vous dites : « Les splendeurs du matin clair sont là
> Pour que le jeune Adam et l'Eve langoureuse
> Reviennent habiter sous les larges lilas
> Près de la source sourde, au fond de l'herbe creuse (2)

Madame de Noailles a brodé une variation originale sur le thème romantique, qu'on eût pu croire usé, de la solitude de l'homme dans la nature, après l'amour :

> ... Vous parlez, j'entends, vous me dites : « Pauvre âme,
> Tu ne pourras jamais être aussi bien en moi ;
> Il faut que tu me voies comme l'étang me voit,
> Et que sans trop d'ardeur humaine tu t'emplisses
> De mes reflets dansants et de mes ombres lisses.
> Tu as trop de désir, trop d'espoir et d'orgueil...
> — Ah ! nature, nature, épuisante nature
> Je vous entends ; ainsi, je ne verrai jamais
> Vos sources, vos chemins, vos feuillures de mai,
> Sans qu'en mon cœur s'élance une blessure aigue...
> Ah ! le plaisir charmant et doux de la ciguë

(1) *Nouvelle Espérance*, p. 175.
(2) *Eblouissements*, p. 359,

Qui balance sa fleur et son feuillage bas,
Ah ! cet oiseau qui chante et qui ne pense pas... (1)

Qu'on lise tout le poème, et puis qu'on relise le *Lac* et la *Tristesse d'Olympio* ; s'il n'a ni le sublime pathétique de l'un, ni la magnificence de l'autre, il a sur tous les deux la supériorité de la précision analytique. Ç'a été et c'est la tâche de quelques-uns des meilleurs écrivains d'aujourd'hui de préciser par l'analyse le vague constitutif de la sensibilité romantique.

Sur sa façon de sentir l'amour, Madame de Noailles est beaucoup plus brève que sur sa façon de sentir la nature. Dans ses trois volumes de vers, on trouverait à peine une douzaine de pièces consacrées à un sentiment qui remplit d'ordinaire les productions féminines, et ces pièces, si ingénieusement qu'on les rapproche, ne forment pas l'histoire d'un cœur. Trois ou quatre d'entre elles font allusion à des déceptions répétées, déceptions ordinaires, inévitables, mais particuliè-rement sensibles à ce cœur né pour souffrir.

Je t'expliquais parfois cette peine que j'ai
Quand le jour est trop tendre ou bien la nuit trop belle.
Nous menions lentement nos deux âmes rebelles
A la sournoise, amère et rude tentative
D'être le corps en qui le cœur de l'autre vive ;

(1) *Ombre des Jours*, p. 124-125.

Et puis, un soir, sans voix, sans force et sans raison,
Nous nous sommes quittés ; ah ! l'air de ma maison,
L'air de ma maison morne et dolente sans toi,
Et mon grand désespoir étonné sous son toit ! (1)

Mais quoi ! C'est la destinée commune de tous les cœurs qui ont trop d'amour. Il y a de Saint-Paul un mot simple et profond : « Quoique, écrit l'apôtre, en aimant davantage, je sois peut-être moins aimé ». Ainsi Madame de Noailles :

Tu vas, toi que je vois, mon ombre, ô mon moi-même,
Cherchant quelque épuisant et merveilleux bonheur,
Mais l'espoir tremble, l'air est las, la vie a peur,
Tu vas, ayant toujours plus aimé qu'on ne t'aime,

Plus aimé, ou du moins plus âprement aimé,
D'une plus imminente et guerrière détresse... (2)

Alors, sous l'intolérable douleur de la récente blessure, c'est un âpre, un ardent désir de silence, d'oubli, de mort :

Ne plus aimer surtout, ah ! c'est surtout cela !...
Les yeux, les yeux, ne plus se souvenir des yeux
Des yeux qu'on a aimés, mauvais comme des pierres !
Ces yeux profonds, avec des flèches au milieu
Ah ! qu'ils ferment en nous leurs cils et leurs paupières !
Amour, allez-vous en pour qu'on puisse mourir... (3)

C'est le retour à l'apaisante nature :

(1) *Ombre des Jours,* p. 156.
(2) *Ombre des Jours,* p. 149.
(3) *Ibid.,* p. 158.

Maintenant je le sens, moi dont le cœur est tel
Qu'aucun désir n'y peut demeurer long et grave,
Je garde pour vous seule un amour immortel
O beauté des jardins, indolente et suave ! (1)

Paix trompeuse, que viennent soudain traverser d'aigus, de déchirants souvenirs :

L'ombre d'un autre cœur a de plus noirs détours
Que la nuit orageuse, impénétrable et sombre ;
Eclairs des faux regards, phare du faux amour
Où menez-vous l'espoir, qui se brise et qui sombre !

Le passé vit en moi ce soir, ce trop chaud soir... (2)

O folie dont rien ne peut guérir ! Ce cœur qui d'un si rude élan s'est porté vers l'amour jamais ne se déprendra de l'amour :

Enfants, regardez bien toutes les plaines rondes,
La capucine avec ses abeilles autour,
Regardez bien l'étang, les champs, avant l'amour,
Car après on ne voit plus jamais rien du monde.

Après l'on ne voit plus que son cœur devant soi,
On ne voit plus qu'un peu de flamme sur sa route,
On n'entend rien, on ne sait rien, et l'on écoute
Les pieds du triste Amour qui court ou qui s'asseoit. (3)

Qu'il vienne donc, le désirable et redoutable amour. Non seulement on consent à l'accueillir, mais de tout son être on l'appelle. Par une étrange fusion du caractère viril avec le féminin, l'amour

(1) *Ibid.*, p. 160.
(2) *Ombre des Jours*, p. 165-166.
(3) *Ombre des Jours*, p. 165.

dans l'œuvre de Madame de Noailles n'est pas seulement passion, il est *action*, recherche et presque
provocation. Un poème de l'*Ombre des Jours* fait
entendre cette curieuse plainte :

> Et je rentrais alors ivre du temps d'été,
> Lasse de tous cela, morte d'avoir été
> Moi le garçon hardi et vif, et toi la femme...

Sabine de Fontenay, à la fin d'une soirée pas-
sionnée de musique, retient son cousin Jérôme.
Ils sont là en face l'un de l'autre, elle confuse et
misérable, lui nerveux et pâle. L'homme se
dérobe : « Sabine, dit-il en tremblant, vous devriez
aller vous reposer, il est tard, vous partez demain.
— Et puis il se passa la main sur le front comme
s'il voulait en arracher une pensée pesante, une
douleur, et Sabine crut qu'il pleurait, Alors *elle le
pressa contre elle d'une terrible tendresse...* » (1). La
même Sabine plus tard, la première fois qu'elle
voit chez lui Philippe Forbier, un ami de son mari,
éprouve une grande difficulté à partir, à le quitter,
la seconde fois, avec la sûreté de l'instinct, prend
une syncope, et la troisième se laisse tomber contre
sa poitrine. La récente émancipation de la femme
ménage aux amateurs de complexités psychologiques de précieux et neufs divertissements... Le
miracle c'est que, si contraire à l'idée ou à l'idéal,
sans doute un peu artificiels, que l'homme conçoit

---

(1) *Nouvelle Espérance*, p. 92-93.

volontiers de l'amour féminin, l'amour chez l'héroïne de Madame de Noailles n'en garde pas
moins une entière noblesse : il la doit avant tout
à son courage, à l'élan sans restriction ni réserve
qui le jette vers la douleur. Ce n'est pas Sabine
de Fontenay qui, pareille à l'Homme libre de Barrès,
s'arrête jamais avant de se nuire, mais elle se
précipite sur toutes les pointes de la vie de façon
à s'y déchirer.

Au reste, cette analyse est loin d'épuiser la
signification du mot amour chez Madame de
Noailles. D'abord, et c'est un trait par où elle se
révèle de lettres, l'amour n'est pas seulement
pour elle ce sentiment étroit et tenace qui
s'attache à un être particulier. Sabine un soir
avec Philippe entend passer sous ses fenêtres une
manifestation d'étudiants, et ce tumulte dans
l'ombre l'enivre. « Qu'est-ce qu'il vous faut, à
vous, lui demande Philippe tristement, qu'est-ce
ce qu'il vous faut pour être heureuse » ? —
«Votre amour, répond-elle, puis elle ajoute : Et la
possibilité de l'amour de tous les autres » (1).
Ainsi Madame de Noailles, dans l'exquis poème de
l'*Ombre des Jours* :

> J'ai dit ce que j'ai vu et ce que j'ai senti,
> D'un cœur pour qui le vrai ne fut point trop hardi,
> Et j'ai eu cette ardeur par l'amour intimée
> Pour être après la mort parfois encore aimée,

(1) *Nouvelle Espérance*, p. 266.

Et qu'un jeune homme alors lisant ce que j'écris,
Sentant par moi son cœur ému, troublé, surpris,
Ayant tout oublié des épouses réelles
M'accueille dans son âme et me préfère à elles (1)

Sabine, nous dit-on encore, par moments « ne savait plus vers qui allaient ses espoirs ; cela s'étendait, devenait infini ; elle imaginait des horizons de soleil immense, des foules venues vers elle, et elle la déesse de l'éternel désir » (2). Etre la *déesse de l'éternel désir* : telle est la forme que prend dans un cœur féminin l'amour de la gloire.

Ce n'est pas tout encore. Le mot désir, comme le mot amour, est équivoque, ou plutôt multivoque, et la plupart des hommes n'usent de ces mots que dans un seul de leurs sens, dès lors en chaque cas aisément déterminable. Mais, selon une profonde remarque de Barrès, à certaines âmes, aux plus complexes et aux plus sensitives, le vocabulaire commun devient insuffisant ; elles trouvent en elles une puissance infinie d'expansion, de jaillissement, elles disent désir, amour, et cela signifie, suivant le plan de leur vie intérieure sur lequel cette puissance se réalise, désir d'aimer, désir d'être aimée, amour de la nature, amour d'un être, amour de l'humanité, amour de la

---

(1) *Ombre des Jours*, p. 170.
(2) *Nouvelle Espérance*, p. 314.

gloire, héroïsme, désir sans nom, pur amour.
Nous avons parcouru déjà chez Madame de
Noailles quelques-uns de ces sens du mot amour;
nous y trouvons la plupart des autres. Et d'abord il
y a en elle une immense pitié de la souffrance et de la
misère humaines qui l'eût sans doute dévoyée vers
l'humanitarisme, si l'influence de Barrès ne l'en
eût heureusement détournée ; je dis heureusement,
car dans l'ordre de l'activité morale l'amour n'est
rien sans le renoncement, le don de tout l'être, et
c'est sans doute le vice profond de l'humanitarisme
philanthropique de méconnaître cette vérité de principe ; or Madame de Noailles ignore le renoncement.
Mais qu'on lise les poèmes intitulés : *Fraternité* (1),
La Justice, (2), *Les Malheureux*,(3) ou telles pages
de la *Nouvelle Espérance* (4) et du *Visage Emerveillé* (5) sur les criminels : on y sentira palpiter
une émotion sincère. « Quand j'étais petite, un
soir, je revenais en voiture avec mon père, et nous
avons rencontré sur la route un homme qui
passait entre deux gendarmes. Mon père m'a dit :
« Vois, c'est sans doute un voleur ». Ah ! le mot
voleur, comme il m'avait fait peur, comme il est
redoutable ! et j'ai regardé. C'était, entre deux

---

(1) *Cœur innombrable*, p. 167.
(2)   —   p. 171.
(3)   —   p. 174.
(4) *Nouvelle Espérance*, p. 150-179.
(5) *Visage*, p. 57.

gendarmes, un homme pauvre qui avait l'air
fatigué » !

Mais la société d'élection de Madame de Noailles,
ce sont les héros ; la dernière et très belle pièce
des *Eblouissements* leur est dédiée. L'héroïsme
devait tenter Madame de Noailles, étant l'état le
plus élevé où atteignent les âmes qui unissent à
une extrême générosité un vif sentiment d'elles-
mêmes.

> Que d'autres cherchent l'air des bois, de la montagne,
>   Et la brise des Océans,
> Je m'enfonce dans l'ombre où nul ne m'accompagne,
>   Je respire chez les géants ! (1)

Et c'est une suite magnifique de virils accents,
auxquels la dernière strophe seule mêle un accent
très féminin :

> Je viens, portant sur moi la douce ardeur des mondes
>   Et tenant les fleurs de l'été,
> Accueillez-moi ce soir dans l'ombre où se confondent
>   *L'héroïsme et la volupté !*

Ainsi Sabine de Fontenay s'écriait : «N'est-ce
pas, l'héroïsme et la sensualité sont la même chose,
l'héroïsme est la plus âpre sensualité ? » (2) Et
c'est assurément une question de savoir si certains
états élevés peuvent être ainsi sensualisés impu-
nément...

(1) *Eblouissements,* p. 408.
(2) *Nouvelle Espérance,* p. 164.

Tant de formes diverses de l'amour ont-elles
enfin épuisé la source où elles s'alimentent ?
Madame de Noailles a insisté à diverses reprises,
douloureusement, sur l'impuissance des mots ou
des actes à égaler l'abondance et l'ardeur de sa
vie intérieure :

> Je ne pourrais jamais exprimer mon désir
> L'ardeur qui me terrasse,
> Ni si les monts d'argent me prêtaient leur soupir
> Soulevé dans l'espace,
>
> Ni si le lis brûlant me donnait son odeur
> Dans l'azur infusée
> Ni si toute la mer se groupait dans mon cœur
> Pour jaillir en fusée !... (1)
>
> Tant de rêve, d'amour, de désir, tant d'élans,
> C'est un si grand martyre ;
> Hélas ! mourir un soir, le cœur encor brûlant
> Sans avoir pu tout dire... (2)

Avec cette angoisse parfois alterne cet état de
plénitude supérieure où l'amour, comme s'il répu-
gnait à se limiter en se déterminant, semble se
prendre lui-même pour objet, et se reposer dans
son infinité :

> Je ne sais ce que j'aime ; j'aime (3)

Mais l'amour ne saurait longtemps se soustraire

(1) *Eblouissements,* p. 57-58.
(2) *Ibid.,* page 27.
(3) *Ibid.,* p. 300.

à sa loi, qui est de se répandre ; s'il a paru se replier sur soi, c'était pour s'accumuler ; et s'il s'accumule, c'est pour plus puissamment jaillir. Le poète peut se rendre justement ce magnifique témoignage :

> Nul cœur humain jamais n'eut autant de frissons ;
> Mon rêve est un si vif et si ardent buisson
> Que si j'ouvre mes bras où la tendresse abonde,
> Il tombe malgré moi de l'amour sur le monde !

Amour d'artiste en dernière analyse, au moins , pour la plus grande part, suspect à tort et à raison à l'apôtre et à l'homme de bien. Madame de Noailles en marque très exactement la qualité dans les vers qui suivent :

> Amoureuse du vrai, du limpide et du beau,
> J'ai tenu contre moi si serré le flambeau,
> Que, le feu merveilleux ayant pris à mon âme,
> J'ai vécu exaltée et mourante de flammes ! (1)

Et voilà, n'est-il pas vrai, un jour saisissant sur cet être étrange, le poète, victime sans dévouement, qui du feu qui le consume nous éclaire.

Dans les poèmes qui ont été inspirés à Madame de Noailles par la pensée de la mort, on retrouve le même mélange que nous avons déjà signalé chez elle de féminité et de fermeté virile. Et d'abord, Madame de Noailles redoute, plus que tout peut-être, cette mort avant la mort qu'est pour la femme

---

(1) *Eblouissements,* p. 85.

la vieillesse. Qui n'a dans la mémoire le début de *Jeunesse*, avec sa seconde strophe dont on a le cœur serré comme d'une étreinte physique :

> Pourtant tu t'en iras un jour de moi, Jeunesse,
> Tu t'en iras, tenant l'Amour entre tes bras,
> Tu t'en iras, je pleurerai, tu t'en iras
> Jusqu'à ce que plus rien de toi ne m'apparaisse.
>
> La bouche pleine d'ombre et les yeux pleins de cris
> Je te rappellerai d'une clameur si forte
> Que pour ne plus m'entendre appeler de la sorte
> La mort entre ses mains prendra mon cœur meurtri (1)

La pièce qui ouvre les *Eblouissements*, d'une violence moins tendue, atténuée de mélancolie, est peut être plus pathétique encore :

> Quelquefois, dans la nuit, on s'éveille en sursaut,
> Et, comme un choc qui brise et qui perce les os
> On songe au temps qui fuit, aux plus jeunes années,
> A l'aurore enflammant les vitres fortunées... (2)

Conformément à son génie, Madame de Noailles éprouve de la mort une horreur surtout physique :

> Et pourtant il faudra nous en aller d'ici
> Quitter les jours luisants, les jardins où nous sommes,
> Cesser d'être du sang, des yeux, des mains, des hommes,
> Descendre dans la nuit avec un front noirci,

(1) *Ombre des Jours*, p. 3.
(2) *Eblouissements*, p. 3.

Descendre par l'étroite, horizontale porte,
Où l'on passe étendu, voilé, silencieux,
Ne plus jamais vous voir, ô lumière des cieux !
Hélas ! je n'étais pas faite pour être morte ! (1)

Remarque-t-on l'accent attendri et humble de ce dernier vers ? Seule la pensée de la mort a ce pouvoir de fondre la violence et de briser l'orgueil de Madame de Noailles. Deux ou trois des plus précieux poèmes des *Eblouissements* sont de cette veine, rare chez elle, d'humilité tendre, entr'autres l'exquis *Nocturne* :

Tu dormiras dans l'ombre et ta petite gloire
    Assise en ce tombeau
Ne fera pas ta nuit moins secrète et moins noire
    Ne te tiendra pas chaud.

Aucune fleur ne peut désennuyer les mortes,
    Leur bonheur est cessé...
Celui qui les aimait n'a pas rouvert la porte
    Où elles ont passé.

Il faudrait, pour qu'un peu de plaisir les rassure
    Que le plus cher amant
Leur dise : Vois, je viens pour baiser ta chaussure
    Et tes deux pieds charmants

Qu'il leur dise : Voyez, votre chambre creusée
    Plus qu'un autre me plaît ;
Ce lit étroit, ce plafond bas, ces mains usées
    Sont ce que je voulais...

Plainte discrète, faiblesse qui s'avoue, résignation

(1) *Eblouissements,* p. 52.

touchante ; mais le poème ne finit pas, qu'un sursaut d'orgueil ne le soulève :

> Mais, ah ! quelle rumeur trouble encor notre somme
> Et rend mon cœur jaloux ?
> J'entends, dans l'ombre affreuse et glissante où nous sommes
> Les dieux parler de vous. (1)

C'est en effet dans la certitude de sa gloire que Madame de Noailles puise le secours le plus efficace contre la douleur de devoir mourir :

> J'écris pour que le jour où je ne serai plus
> On sache comme l'air et le plaisir m'ont plu
> Et que mon livre porte à la foule future
> Comme j'aimais la vie et l'heureuse nature.(1)

Son corps éternel comme la terre d'où il est sorti et où il retourne, son âme éternelle dans la mémoire des hommes, telle est l'idée ou plutôt l'image double, et peut-être tout de même un peu simple, que se fait Madame de Noailles de sa vie future. C'est sans doute une mauvaise condition pour philosopher que d'être avant tout un être d'imagination comme sont les poètes, si le propre et la définition même de la pensée spéculative est d'être une pensée sans images. Supérieure ou extérieure au préjugé, à la foi imposée du dehors, peu apte à la pensée métaphysique, Madame de Noailles flotte dans un état d'indécision et de trouble, qui

(1) *Les Eblouissements*, p. 362-364.
(2) *Ombre des Jours*, p. 169.

a du moins l'avantage de prêter à d'émouvantes
rêveries :

> Hélas ! douleur d'aller s'effaçant tout entière,
> Désir de n'être pas de la cendre au tombeau,
> De voir encor le jour et le matin si beau,
> D'errer dans l'étendue heureuse et sensuelle,
> De boire à son calice et de s'enivrer d'elle !
> Ah ! comme tout bonheur soudain semble terni
> Pour un cœur sans espoir qui conçoit l'infini... (1)

Tout ce poème à Lamartine est courageux,
pathétique, abondant en beautés. Est-il *beau* dans
le sens absolu du terme ? Là-dessus on peut
discuter. Mais là où n'est pas la vérité peut-il y
avoir beauté parfaite ? Le plus somptueux man-
teau perd de sa splendeur, jeté sur une ossature
insuffisante.

Les romans de Madame de Noailles doivent être
considérés, sauf certaines réserves que nous indi-
querons, comme un complément de son œuvre.
lyrique. Ce point de vue, en même temps qu'il
nous inquiète sur la légitimité d'un genre un peu
hybride, nous rassure sur le plaisir qu'en l'espèce
nous y prenons.

Il n'y a rien de moins cohérent que l'intrigue
de la *Domination*, rien de moins consistant que le
caractère d'Antoine Arnault, le « dominateur ». Ce
jeune homme, qui nous est présenté aux premières

(1) *Eblouissements,* p. 24.

pages du livre comme un ambitieux de l'espèce
des Alexandre et des César, à la dernière meurt
d'amour comme un nouveau Werther. Mais ne
meurt-il pas plutôt de ce que le livre a atteint la
page 307 ? Quoi qu'il en soit, une rupture, un
flirt très poussé avec la fille d'un écrivain illustre,
deux liaisons élégantes et une passade, un siège à
la Chambre, un excellent mariage, l'amour chaste
et brûlant de sa belle-sœur, tel est, par ordre
chronologique, le bilan de ses succès ; dans tout
cela pas trace de plan, de persévérance, de four-
berie, d'aucune des vertus qui font l'ambitieux
véritable... D'une manière générale, les figures
d'hommes qui apparaissent dans les romans de
Madame de Noailles sont pâles, sans relief, dénuées
de vérité objective. Exceptons-en toutefois deux
ou trois silhouettes de *grotesques*, Henri de Fontenay de la *Nouvelle Espérance*, l'aumônier du
Visage, exquissées à grands traits ironiques, fermes
et signifiants. Il y a là un aspect du talent de
Madame de Noailles que nous aimerions à voir se
développer.

Les figures de femmes, au moins celles de
premier plan, sont plus vivantes, plus objec-
tives, de cette objectivité particulière où
atteignent les lyriques par l'approfondissement
d'eux-mêmes. Donna Marie, la petite nonne,
Sabine de Fontenay, autant de masques fragiles
sous lesquels perce à tout instant le visage ébloui,
émerveillé de l'auteur. De là les plus amusantes

contradictions entre la situation où on les place,
le caractère qu'on leur prête, et telles de leurs
manières de penser ou de sentir. La petite nonne
du *Visage* fait voir, en même temps que des
ingénuités d'enfant sage, des audaces, d'ailleurs
charmantes, de Faunesse, et témoigne ça et là
d'une conscience d'elle-même et d'une science du
cœur bien rares dans un âge si tendre. « O Julien,
dit-elle à son amant qui vient de la rudoyer,
laissez-moi vous dire, pendant que vous parliez
ainsi je ne vous en ai pas un instant voulu ;
la grande injustice des hommes envers les femmes,
elle est une part profonde de la volupté ». (1)
Qu'elle vienne après cela nous faire accroire qu'elle
a rendu à Julien les *Fleurs du Mal* sans les lire. (2)
« Je sais maintenant, dit-elle ailleurs, pourquoi
l'expression de la douleur, sur un visage, est si
touchante et si troublante ; c'est parce qu'elle
révèle que l'être n'a plus aucune défense person-
nelle. Une âme malheureuse est toute prête pour
la mort et pour la volupté ». (3) Rien n'est plus
exact, mais est-ce bien la même personne qui aux
premières pages du livre ne rêve que pureté, et
qui quelques pages plus loin, parce que son ami
l'a embrassée, déclare : « Mon ami ne m'aime pas
autant qu'il le dit, s'il m'aimait vraiment il n'aurait

(1) *Visage,* p. 193.
(2) *Ibid.,* p. 109.
(3) *Ibid.,* p. 184.

pas fait ce qu'il a fait » ? On sent l'artifice ; Madame
de Noailles manque sans cesse à cette condition
première de la vraisemblance, qui est qu'un caractère demeure constant avec lui-même. Seule peut-
être la figure de Sabine de Fontenay est exempte
de ce défaut, parce qu'il y a une harmonie en
somme suffisante entre la donnée initiale du livre
et la vie intérieure *possible* de Madame de Noailles,
et que d'ailleurs Madame de Noailles a l'imagination
subjective, au contraire de l'objective, très
développée... Ainsi se précise pour nous le sens
de l'œuvre romanesque de Madame de Noailles :
nous l'avons vu, Madame de Noailles est avare de
confidences sur sa façon de sentir l'amour ; l'intérêt
de Sabine de Fontenay, et secondairement de ses
autres héroïnes, c'est de nous éclairer sur sa façon
de le concevoir, ou plus exactement de le *voir*.

Sabine de Fontenay c'est, pourrait-on dire, la
petite-fille d'Emma Bovary devenue, par une fortune inespérée, châtelaine de la Vaubyessard. Née
comme Emma pour les agitations du cœur, et plus
précocement avertie qu'elle, dès l'enfance elle a
jugé que « les élans et les rêves de la passion font
l'emploi, l'orgueil et la dignité de la destinée ». (1)
Mariée, comme elle encore, à un homme bon,
honnête et médiocre, elle essaie d'abord, elle aussi,
d'éveiller en lui un écho aux ardentes et confuses
aspirations de son cœur. Déçue bientôt dans son

(1) *Nouvelle Espérance*, p. 15.

effort, elle se détourne, sinon sans regrets du
moins sans remords, conformément à l'immoralisme
contemporain, vers d'autres amours. Riche et d'un
monde où la femme est relativement libre d'elle-
même, Sabine échappe aux embarras d'argent, à
M. Lheureux, aux mille difficultés extérieures qui
font de *Madame Bovary*, suivant le point de vue,
un mélodrame, et c'en est le défaut, ou bien, et
c'en est la supériorité, une exacte et forte étude
sociologique ; elle pourra développer sans entraves
le cours de ses expériences sentimentales. Plus
cultivée qu'Emma, nourrie de littératures autrement complexes, elle offre, et c'est là son originalité
et son charme, un curieux mélange de sensualité
violente et presque élémentaire, et d'intelligence
raffinée : mélange bien moderne, s'il pourrait servir
à définir les œuvres les plus caractéristiques de
notre littérature depuis Baudelaire. Ce qu'elle
cherche dans l'amour, ce n'est ni le don ni l'aban-
don du cœur, elle a un sentiment trop vif d'elle-
même, elle entend posséder autant qu'être possédée ;
ce n'est pas le plaisir, il n'est rien de plus court et
de plus vite épuisé que le plaisir ; ce n'est pas le
bonheur, elle a toujours désiré pire ; c'est l'émotion
brute, exaltante ou terrassante, c'est le boulever-
sement de tout l'être, c'est ce que la vie peut offrir
de plus fou, de plus trouble et de plus amer. Ce
qu'elle veut, c'est sentir, sentir toujours davantage
et se sentir sentir, fût-ce au prix des plus dures douleurs : la douleur est infinie, pour peu qu'elle se

complique d'intelligence. Prodigieuse faculté de
jouir et de souffrir ! Philippe Forbier vient de lui
avouer son amour ; ils sont là tous les deux,
hagards, n'osant pas se rapprocher l'un de l'autre.
« Elle sentait une sensualité grave s'élever autour
d'elle, contre elle, comme une vague qui, mon-
tant, l'obligeait à renverser un peu la tête, les
narines battantes, pour respirer, résister à cet étouf-
fement. Elle avait les yeux fixes et amincis, les
lèvres un peu relevées sur les dents qu'elle tenait
serrées, et comme mordant sur une admirable
sensation de plaisir... » (1) Philippe la regarde, et
elle se sent « mourir des pieds jusqu'au cœur. Avec
une violence rapide et complète, elle souhaita
qu'il n'eût plus ni ses yeux, ni son sourire, ni sa
voix, ni aucun de ses gestes, aucune de ses atti-
tudes, plus rien de lui-même qui la ravissait jusqu'à de telles douleurs ». (2) Véritable femme,
en qui non seulement toute émotion, mais le
souvenir et l'imagination même de l'émotion
aboutissent immédiatement au trouble physique.
Quand Philippe doit pour un temps s'éloigner
d'elle, sa raison consent à la séparation, mais son
corps se révolte. Debout contre lui, elle dit dou-
cement, les yeux fermés : « Voilà, vous allez partir,
vous partez, j'imagine que c'est maintenant que
vous partez, je vais voir ce que cela me fait ».

(1) *Nouvelle Espérance*, p. **229.**
(2) *Ibid.*, p. **231.**

Elle resta un moment silencieuse, et rouvrant les
yeux où de la terreur s'évaporait, elle dit : « Ce
n'est pas possible, cela fait mal dans les os... C'est
dans les épaules et dans les genoux que je ne peux
pas vous quitter... » Cependant, dans ses plus vives
extases comme dans ses pires angoisses, elle
demeure lucide, maîtresse de sa pensée, elle ironise,
elle s'analyse, elle généralise. Au sortir des bras
de Philippe rentrée chez elle, elle parle, rit, ne
trouve en elle que repos et satisfaction. « *Seule
l'absence d'Henri* (son mari) *la troublait un peu, sa
présence lui eût donné plus de sécurité* ». (1) A
Philippe absent, elle écrit : Ce n'est pas vous que
j'aime ; j'aime aimer comme je vous aime... Je
n'attends de vous que mon amour pour vous ». (2)
« Les hommes ont de la conscience, lui écrit-elle
encore. Les femmes, mon ami, n'ont pas de conscience; elles ont une épouvantable volonté de n'être
pas plus malheureuses qu'elles ne peuvent ». (3)
Mais une intelligence si pénétrante appliquée à une
émotivité si violente, loin de l'atténuer l'exacerbe,
en multipliant pour elle les occasions de sentir.
De sa volupté, de ses douleurs et de sa connaissance
d'elle-même Sabine se compose un breuvage avec
quoi elle se tue. La morphine qu'elle prend un soir
où l'absence de Philippe lui est intolérable ne fait
qu'achever l'œuvre de mort... A dire le vrai ce

(1) *Ibid.*, p. 234.
(2) *Nouvelle Espérance,* p. 305.
(3) *Ibid.*, p. 320.

suicide, pour vraisemblable qu'il soit, n'apparaît pas comme nécessaire, dans le sens psychologique du terme. On garde le sentiment qu'une cure d'altitude bien choisie, surveillée par une tendre amitié rendrait l'équilibre à ce système nerveux surmené, exténué. Si *Madame Bovary,* est un mélodrame, la *Nouvelle Espérance* n'est pas une tragédie. Il reste que Madame de Noailles a créé en Sabine de Fontenay une figure intensément vivante, hautement représentative à la fois et très neuve : oui d'une originalité inoubliable vraiment avec son impudeur et sa noblesse, son égotisme et son ardeur à souffrir, son tumulte, ses cris, ses colères, ses ravissements, toute cette sensibilité où nulle sentimentalité ne se mêle, ingénue et violente, trouble, âcre, amère.

On peut cueillir çà et là dans les romans de Madame de Noailles de fines ou fortes indications de psychologie féminine. La femme y apparaît toujours incomplète, insatisfaite, penchante, achevée seulement par les caresses des hommes, mais courbée sous tout l'univers, esclave qui se fait une volupté de sa servitude. Osant enfin être elle-même, elle dévoile hardiment que toute sa vie intérieure est à base de sensualité et que tout ce qui émeut pareillement sa sensualité est pour elle une seule et même chose. « Voyez, mon Dieu, si M. l'aumônier, pour nous toucher, nous rappelle notre petite enfance, nos jeux, notre père mort, nous pleurons ;... et si une de nos sœurs nous donne un

bouquet à respirer, nous respirons fort d'abord et
nous soupirons après ; et si notre ami met son
cœur près de notre cœur, nous ne savons plus
rien que son désir, et notre désir plus tendre
encore que le sien. *Toutes ces choses, mon Dieu, sont
une seule chose, la même chose* ». (1) Elle nous révèle
le goût singulier qu'elle trouve aux brutalités de la
jalousie masculine. « Ils croient nous offenser, ils
ne peuvent que nous émouvoir, notre orgueil est
terrible en nous, mais aux instants de la volupté,
nous n'avons que de la volupté». (2) Voici une bien
spirituelle définition de la conscience : « La conscience, c'est une tristesse qu'on éprouve après un
acte qu'on vient de faire et qu'on referait
encore ». (3) Voici une vue terriblement pénétrante sur ces régions souterraines de l'âme où les
sentiments, les instincts, les désirs, non encore
divisés et endigués par l'éducation, communiquent
et se mêlent selon de mystérieuses affinités. « Ah !
dans la douleur et la honte, dans le courage et
l'héroïsme, dans le parfum des tombeaux, qu'y
a-t-il toujours de perfide, de sensuel, d'ina-
vouable ? » (4)

On voit dans quelle mesure les romans de Madame de Noailles nous peuvent instruire, sont riches

(1) *Visage,* p. 101.
(2) *Ibid.,* p. 156.
(3) *Ibid.,* p. 47.
(4) *Domination,* p. 67.

de vérité objective. Quant à nous charmer et à nous émouvoir, de la même façon exactement que sa poésie, il n'est presque pas une page d'eux qui n'y réussisse. La *Domination* abonde en délicieuses impressions de voyage ; le *Visage émerveillé* est l'hymne le plus frais à l'Amour et à la Nature ; la *Nouvelle Espérance* est un poignant poème de de l'Amour et de la Mort.

Il faut le dire : l'art de Madame de Noailles n'est pas égal à son génie ; il pèche par défaut, par excès et par artifice.

Le défaut est de la pensée. Non pas que nous estimions avec certains que l'intelligence de Madame de Noailles soit inférieure à sa sensibilité, et de nombreues pages de la *Nouvelle Espérance* surtout témoignent surabondamment du contraire, mais trop souvent cette intelligence fonctionne à côté de cette sensibilité, sans s'y mêler suffisamment. Une sensibilité aussi mobile, aussi torrentielle devrait être surveillée, réglée, distribuée par une raison ferme, maîtresse d'elle-même et de toute l'âme ; nous avons déjà touché ce point. Il n'est pas permis d'appliquer indistinctement l'épithète de *sublime* à l'odeur de l'aubépine, (1) ou au plaisir qu'on prend à Venise, (2) et à la musique de Beethoven ou en général à l'héroïsme;

(1) *Eblouissements,* p. 286.
(2) *Eblouissements,* p. 16.

4

du moins les deux premiers emplois du terme, en même temps qu'ils font sourire, affaiblissent les deux autres, seuls justifiés. Si Sabine à la moindre contrariété *s'affole*, nous la plaignons, mais que va-t-il lui rester d'âme pour les grandes douleurs ? Il ne suffit pas d'une extrême hyperesthésie pour pénétrer le fond de la douleur ni de la joie humaines ; or Madame de Noailles n'a pas que cela, nous l'avons assez montré, mais l'identité des expressions dont elle use pour signifier de purs états nerveux et de véritables états d'âme prête à de fâcheuses confusions. Il faut qu'elle introduise un ordre plus strict, une mesure plus rigoureuse dans les mouvements de sa merveilleuse sensibilité. C'est du perfectionnement intérieur de l'artiste que dépend essentiellement le progrès de son art.

D'un point de vue plus technique, on peut relever chez Madame de Noailles des artifices de composition et de style. Nous l'avons vu, ses romans sont mal construits ; mais ses poèmes eux-mêmes malgré leur ordinaire brièveté, ne le sont pas toujours parfaitement. La *Prière devant le Soleil* se compose d'au moins trois poèmes distincts. Il n'y a rien de plus artificiel que la transition du second au troisième :

Pourtant, Soleil, ayant oublié tout cela... (1)

Une des plus belles pièces des *Eblouissements*,

(1) *Eblouissements*, p. 385.

Paganisme, dans sa première partie développe le conflit entre les deux âmes romantique et classique de Madame de Noailles, et, malgré une certaine surcharge d'images, le développement est conduit d'une belle et ferme allure; la seconde partie célèbre la victoire définitive de l'âme classique ; le poète se tourne avec amour vers la Grèce sa véritable patrie :

> Je viendrai, mes deux mains tenant la double flûte...
> Au-dessus des enclos luiront des figues bleues ;
> Pour cueillir ces fruits chauds entr'ouverts dans l'azur
> Je presserai si bien mon corps contre le mur
> Que je serai semblable à ces nymphes des frises
> Dont la jambe et la main sont dans la pierre prises (1)

On remarquera au passage ces trois derniers vers, pur joyau de grâce hellénique... Jusqu'ici tout est bien ; mais il s'agit de terminer le poème; le poète sent qu'il serait beau de s'élever à une idée plus générale, d'ouvrir à l'esprit une vaste perspective, d'élargir et d'approfondir l'horizon, et pour ce faire il recourt à la pensée de la mort, dont telle est effet la vertu ordinaire :

> Et désormais sans voix, sans effort, sans souhaits,
> Ayant touché l'immense et débordante paix,
> Voyageuse arrivant et qui baise la porte,
> Ne désirant plus rien je serai bientôt morte...

Mais la poète s'est trompé ; comme il n'y a aucune raison de supposer que le sol de la

(1) *Eblouissements,* p. 187.

Grèce ou l'exaucement de ses désirs lui seront
réellement mortels, l'hypothèse de sa mort ne peut
apparaître que comme une gentillesse de conver-
sation, déplacée en cette fin d'un grave et émouvant
débat. La grande idée de la mort ne saurait être
employée comme finale à tout faire... Et d'ailleurs
il n'entre pas un instant dans notre pensée de
suspecter la sincérité de Madame de Noailles, mais
la sincérité elle-même a besoin d'art.

L'excès que nous trouvons chez Madame de
Noailles est un excès de sensations et d'images sous
lequel parfois disparaît, ou plie à se rompre, le fil
ténu de la pensée. Le poète, au lieu de creuser en
profondeur, dans le monde de la vie intérieure,
s'étend en largeur, se répand dans le vaste univers.
Au lieu de subordonner il coordonne, quand il ne
se contente pas de juxtaposer. Sans doute il échappe
à l'ennui des purs descriptifs, et il serait aussi
injuste qu'inexact de lui appliquer ce principe,
vérifié par l'histoire de tous les arts, que la
nature envahit les domaines désertés par l'âme :
il n'est pas d'aspect de la nature qu'il transporte
dans son œuvre sans l'élaborer, sans y mêler de sa
substance. Cependant il ne peut éviter toujours la
monotonie, ni encore une fois l'artifice. Une énu-
mération n'a d'autre raison de s'arrêter que le bon
plaisir de celui qui énumère ; Madame de Noailles
ne nous fait-elle pas quelquefois attendre un peu son
bon plaisir ? D'autre part, on a l'impression qu'elle
ne distingue pas très exactement et ne connaît pas

de très près chacun des innombrables végétaux qui garnissent son œuvre, et l'on constate non sans étonnement que les descriptions de villes ou de paysages qu'elle n'a jamais vus ne sont ni moins touffues, ni moins colorées, ni moins odorantes que celles des lieux qui lui sont familiers. Bref Madame de Noailles a une *manière* à elle, très caractérisée, et de cette manière son excessive facilité l'incline, — tel parmi les musiciens Massenet — à se faire un *procédé*. Il n'est pas rare qu'un artiste s'imite ainsi lui-même.

De ces faiblesses, au reste, aucune n'est constitutive. Elles tiennent soit à une confiance exclusive, donc excessive, dans la spontanéité de l'inspiration, soit à une sorte de nonchalance trop complaisante aux suggestions de la virtuosité. Elles n'en sont que plus regrettables, si elles empêchent des dons merveilleux de prendre leur pleine valeur. Or quel artiste fut plus merveilleusement doué que Madame de Noailles ? De ses dons je ne veux ici retenir que deux, qui la distinguent entre tous les artistes de sa génération, le don d'expression et le don de musicalité.

Il n'est pas vrai, malgré Boileau, que toujours « ce que l'on conçoit bien s'énonce clairement » ; la fonction de concevoir et la fonction d'exprimer sont distinctes, à tel titre que la pathologie nous les montre sans cesse dissociées. Mais ce qui dans la littérature et surtout dans la poésie moderne rend particulièrement délicat le problème de l'expression, c'est que

les états qu'il s'agit de traduire et de communi-
quer ne sont pas comme dans la poésie classique
des états relativement simples, à contours définis,
objets de perception claire, construits et reliés
les uns aux autres selon des rapports logiques,
mais des états dont la complexité confuse, enve-
loppée, indistincte, dont la fluidité et presque la
liquidité semblent invinciblement rebelles au
morcellement et à l'immobilisation qui sont l'opération propre et l'effet de la pensée logique, des
états qui émergent un instant des profondeurs
obscures de l'être pour l'instant d'après s'y re-
plonger, qui enfin se composent, s'enchaînent les
uns aux autres et les uns dans les autres retenti-
tissent et se prolongent selon de subtiles et
fuyantes analogies. Ils faut donc à l'artiste
non-seulement une rare aptitude à briser
ou à négliger les associations conventionnelles
que nous propose toutes formées, pour notre
plus grande commodité, le commun langage,
non-seulement une extraordinaire acuité et
rapidité de vision dans les régions profondes de la
vie de l'âme, mais encore un don msytérieux et
merveilleux de choisir et de combiner les mots
afin que, telles les génératrices d'une courbe pour
le géomètre, ils nous permettent de reconstruire,
ils évoquent en nous et nous suggèrent les
mouvantes réalités intérieures dont ils jalonnent
les inflexions et les détours. A vrai dire, dans la
mesure où il met en œuvre un tel don, un artiste

divise les jugements des hommes ; il irrite par son
obscurité et par une apparence d'arbitraire les
sensibilités qui ne sont point accordées à la sienne,
mais aussi il enchante celles qui lui sont harmoniques
d'un plaisir autrement complet que les artistes
classiques, parce que ce qu'il leur fait entendre,
mais plus ample, plus pur, plus libre, c'est le
chant même de leurs profondeurs. Pour certains dont
nous sommes, à cause d'un bonheur presque
perpétuel dans l'expression ou la suggestion d'une
sensibilité profonde et toute originale, l'œuvre de
Madame de Noailles dégage un charme, un enchan-
tement. Dans les citations que nous avons faites en
abondance, le lecteur trouvera sans peine, suivant
l'espèce à laquelle il appartient, de quoi confirmer ou
de quoi contester notre sentiment. Nous nous con-
tenterons de citer un fragment encore, particulièrement caractéristique. Nous l'empruntons à la
Nouvelle Espérance (1). Chez Sabine de Fontenay,
le musicien Jérôme Hérelle chante. « Il chantait, et
la musique, mêlée aux mots, s'épanouissait, sen-
suelle et rose, comme une fleur née du sang. Il
chantait, et c'était comme une déchirure légère de
l'âme, d'où coulerait la sève limpide et sucrée :

    « Les roses d'Ispahan...

le soupir gonflait, s'exhalait, recommençait,

    « dans leurs gaines de mousse...

(1) p. 32-33.

encore une fois toute l'angoisse délicieuse aspirée
et rejetée,

« les jasmins de Mossoul, les fleurs de l'oranger...

la note penchante et tenue troublait comme un
doigt appuyé sur le sanglot voluptueux... Quel
parfum ! quelle ivresse ! quel flacon d'odeur
d'Orient cassé là ; quelles fleurs de magnolia écrasées dont l'arome à l'agonie fuyait et pleurait...
Tout l'air de la chambre tremblait... » Et l'on croit
voir trembler le papier où s'inscrivent les mouvements de cette sensualité véhémente. Les mots
jaillissent d'elle directement, sans passer par l'intelligence, et directement vont toucher aux pointes
les plus sensibles de nos nerfs. A vrai dire ils
touchent parfois à côté ; la phrase : « quelles fleurs
de magnolia écrasées » est tout à fait manquée.
Madame de Noailles, chez qui les associations d'idées
ou de sentiments sont foudroyantes, a sauté ici trop
d'intermédiaires ; les termes qu'elle unit hurlent
d'un accouplement contre nature. Il lui arrive ainsi
de violenter la langue sans bénéfice. C'est là, si
l'on peut dire, le revers de sa méthode, ou de son
absence de méthode. Son style est une invention
perpétuelle ; mais, comme dans le choix et l'agen-
cement des mots la pensée logique a peu de part,
lorsque l'expression n'est pas parfaite, elle est
mauvaise. Le cas est rare d'ailleurs, et de plus en
plus rare.

Il n'est guère de question d'esthétique plus diffi-

cile que celle du rapport de la poésie et de la
musique. Toutefois et en gros, il est certain d'abord
que par la mesure et le rythme qui lui sont essen-
tiels, la poésie, toute poésie s'apparente avec la
musique. C'est à peu près uniquement par le
rythme que la poésie classique peut être dite musi-
cale ; encore son rythme, à cause de la prédomi-
nance qu'elle attribue à la pensée logique, à la
raison, est-il trop souvent dans sa régularité d'une
monotonie qui contraste désavantageusement avec la
variété presque indéfinie des rythmes musicaux. La
poésie moderne, substituant dans une large mesure
à la logique de la raison la logique des sentiments,
se rend par là plus souple et plus libre, et capable
d'occuper dans l'âme des espaces, de couler dans
des retraires que lui eût interdits une forme plus
rigide. Nous ne voyons guère de poète contemporain
qui possède au même degré que Madame de
Noailles le don d'approprier étroitement ses
rythmes aux mouvements de sa vie intérieure, de
les couler en quelque sorte instantanément sur la
courbe même de ses sensations, de ses sentiments
et de ses pensées. Ici encore nous laissons au lecteur
le soin facile de faire lui-même l'application. Mais
la grande nouveauté de la poésie moderne par
rapport à la poésie classique et l'endroit par où elle
se rapproche le plus de la musique, c'est l'impor-
tance qu'elle attache aux qualités musicales des
mots, au détriment parfois de leur vertu signifiante.
On sait à quels excès dans cette direction se

portèrent les « décadents ». De leur tentative
avortée les écrivains contemporains ont justement
retenu qu'en effet le choix et la combinaison des
sonorités pouvait être un efficace instrument de
suggestion, mais ils ne recourent à cette ressource
que dans les limites des lois naturelles et tradition-
nelles de la langue. Il y a là une conciliation déli-
cate à réaliser entre des exigences ordinairement
différentes, souvent opposées ; Madame de Noailles
y déploie un art spontané incomparable. Et ainsi,
renforçant le sens des mots par leur son, leur
puissance expressive par leur puissance suggestive,
les enchaînant selon les rythmes originaux de sa
sensualité fiévreuse, ardente, innombrable, elle
compose une des musiques les plus éblouissantes,
les plus enivrantes et les plus déchirantes qu'il
nous ait été donné d'écouter.

Revenez des beaux soirs voisins de l'Orient,

Déchirez vos cheveux, égratignez vos joues,

Pour tous les ivresses qui marchent en vous

Pour l'amante qui chante et pour l'enfant qui joue.

Ô folles! Amez jusqu... de votre âpre maison

Osez vos yeux sanglants, contemplez le visage

C'est l'effroi, la stupeur, l'appel les dénonce,

haine... yeux

Partout où sont des ... sont des visages

Mª h.

de Chevreuse

OPINIONS

De M. Maurice Barrès :

Les poèmes de Mme de Noailles ont obtenu à leur
naissance un prodigieux succès. O merveille, on y
trouvait de la poésie ! Mais cette poésie, qu'avait-elle
de singulier ? Je crois que je pourrais le dire. Nos
grands romantiques sont mêlés de mort. Mme de
Noailles est toujours un chant qui s'élève, une flamme.
On connaît un terrible mot révélateur de Château-
briand : « Quand je peignis René, écrit-il, j'aurais dû
demander à ses plaisirs le secret de ses ennuis. » Dans
la sombre poésie de nos grands romantiques, en effet,
il y a de la fatigue et de la dépression nerveuse. Au
contraire, chez l'auteur du *Visage émerveillé* on voit au
premier plan la jeunesse qui s'étonne, qui appelle le
choc de la vie et qui s'impatiente de ne point recevoir
l'univers dans son âme.

Cet infatigable élan vers toutes les promesses de

bonheur, cet infini besoin, ce courage à sentir, à
désirer, à vivre nous sont rendus intelligibles avec des
ressources inépuisables d'invention verbale et musi-
cale. Je ne puis rien détacher d'un livre que toutes les
femmes et les jeunes gens commencent à se réciter.
Ses cantilènes frémissantes sont illustrées d'images
rapides et inoubliables. Mais derrière tous les batte-
ments de ce cœur précipité j'entends un thème monotone. Il est tout le génie dont nous la voyons douée
ou, pour mieux dire, affligée. « Il faudra vieillir et
mourir, mais j'aurai été le cœur le plus gonflé et d'où
monta le plus haut cri. Jeunes hommes, sachez que,
vivante, je fus le point le plus sensible de l'univers...»

Quelle est cette voix qui se vante, si vaine et si
attendrissante ? La femme vivra toujours dans le même
cercle d'images. Ce n'est ici qu'une variante géniale
de l'éternel cantique féminin. C'est le vieux *Cantique
des cantiques* : « Je suis noire, mais je suis belle, filles
de Jérusalem, comme les tentes de Cédar, comme les
pavillons de Salomon. » Ainsi chantait la Sulamite.
Cet appel qui fait frissonner monte de tous les fameux
jardins, du paradis où Ève mentit, des harems de
Salomon, du balcon fleuri de Juliette et des arceaux
d'un cloître, où la sainte discipline l'épure, l'apaise et
le transforme, mais aussi, en le comprimant, semble
parfois l'exacerber...

Un tel poète nous aide à comprendre ce que furent
par exemple les Hugo et les Lamartine. Celui-ci, à la
campagne, sortait le matin avec un exemplaire à
grandes marges du Tasse ou de l'Arioste ; il lisait
quelques strophes : sous leur action, sa source intérieure jaillissait et il écrivait, sans que sa volonté y
prît une part discernable, ses magnifiques psalmodies.

Hugo était le lieu d'un pareil phénomène. De là l'étonnement qu'il ressentait de son génie, jusqu'à se dire, à notre grand scandale : « Ne suis-je pas la bouche de Dieu ? »

Ces grands favorisés ont des âmes qui se mettent plus aisément en branle que les nôtres. Le rythme de leurs paroles vient de celui de leurs sentiments. D'où voulez-vous que naisse la noblesse des expressions, sinon de la noblesse du cœur ? Nul vrai poète qui ne soit magnanime. D'ailleurs la faculté de se représenter clairement et fortement un grand nombre d'êtres et de choses, c'est le don divin par excellence, c'est la charité et la sympathie.

Mme de Noailles aime admirer. Elle en use avec les œuvres et avec les gens comme avec les légumes, les fleurs, les arbres et les paysages. Partout elle trouve à s'émerveiller, disons mieux, à être humaine. Quand il y a tant de regards qui appauvrissent nécessairement ce qu'ils considèrent, parce qu'ils sont des regards d'hommes chétifs, voici qu'avec une admirable plénitude cette âme royale enrichit et ennoblit, charge de richesse et vivifie tous les objets vers quoi elle se tourne. Dans la dure vie positive, cette générosité d'âme et cette spontanéité entraînant à des erreurs... Mais, dans le domaine des arts, cette incompressible puissance de charité est le premier moyen du génie.

(*Le Figaro,* 9 juillet 1904).

De M. Léon Blum sur l'*Œuvre poétique de Madame de Noailles* :

... Le retour au Romantisme fut, il y a dix ans, le caractère du mouvement poétique. Ce qu'on a nommé l'humanisme ne fut qu'un romantisme rajeuni. Mais chez les plus distingués des humanistes l'influence verlainienne restait sensible, et Madame de Noailles en est restée, à ce que je crois, totalement exempte. Elle n'est guère qu'une romantique, et c'est de Musset que je la verrais proche, un Musset qui ne cherche pas l'esprit, un Musset sans sa grâce allante et sa plaisanterie désinvolte, sans son penchant oratoire, sans toute sa facilité française, un Musset plus âpre, plus chargé, plus fiévreux, plus complexe, au sang plus lourd, je voudrais pouvoir dire un Musset barbare.

Il faut cependant marquer dès à présent quelques différences essentielles. Sans doute le lyrisme de Lamartine, de Musset ou même de Hugo est un lyrisme purement personnel. Mais si le poète se chante lui-même, il ne chante pas pour lui seul. Le poème, sorti d'un homme, vaut pour tous les hommes... Le rêve romantique, le chant romantique, même en ce qu'ils eurent de plus spécial ou de plus neuf, furent le rêve et le chant communs d'un moment de l'humanité... Rien de pareil chez Madame de Noailles. Sa poésie sort d'elle-même et retombe en elle, comme l'élan du jet d'eau dans le bassin. Son éternel sujet, c'est sa personne, mais dans ce qu'elle a de particulier, d'unique, non dans ce qu'elle a de commun et de général...

L'inspiration lyrique s'est toujours ramenée à un nombre limité de thèmes uniformes, et ce qu'il y a d'analogue entre tous ces thèmes, c'est qu'ils posent soit l'accord, soit le conflit d'un des sentiments généraux de l'âme avec une force ou avec un état extérieur... Le poème lyrique apparaît d'ordinaire comme un dialogue, dialogue avec l'être aimé, avec la vie, avec la mort, avec le bonheur, avec les puissances naturelles. Et voici qu'en trois volumes de vers Madame de Noailles exhale un long solo où l'on n'entend jamais parler qu'une âme. Il y a là des vers d'amour, sans doute, bien qu'assez rares, mais où il semble que la force du désir s'élance seule, comme un cri sans écho à qui rien ne répond... Nul poème ne traduisit plus intensément que ceux-là le sentiment de la vie, mais c'est la vie d'un être à qui la conscience de sa propre réalité suffit, qui ne vivrait pas moins s'il était seul vivant au monde, et cette certitude, cette volonté d'être qui sort du plus intime de sa substance gonfle sa personne sans jamais s'en échapper...

Ce lyrisme sans humanité, sans religion, — au sens où l'entendaient les romantiques, — où l'on ne trouve ni aspiration, ni besoin, ni foi, ni doute dont les autres hommes aient leur part, qui ne connaît ou ne touche hors de soi nulle raison de vivre, de souffrir ou d'espérer, ce lyrisme d'une sorte unique tient-il à un vice où à une vertu, représente-t-il une force ou une faiblesse, faut-il l'exalter ou le condamner ? Je ne sais trop, et l'avenir en décidera mieux que nous. Mais je crois que là est la singularité, le don original, la raison d'être du poète...

(La Revue de Paris, 15 juin 1908). ·

De M. Léon Daudet sur l'Ombre des Jours :

Ce m'est une joie de constater ici la naissance et la formation d'un tempérament lyrique de premier ordre, car ces genèses-là témoignent généralement,

5

dans les sociétés où elles se produisent, d'un effort vers l'ordre et la lumière... Ce que nous demandions au poète d'aujourd'hui et de demain, et ce que nous offre Madame de Noailles, c'est un chant lancé comme un cri, par une nécessité irrésistible, aux approches d'un doute qui envahit tout, d'une critique et d'une analyse qui blessent incessamment la légende, d'un utile qui menace le beau. Ce qu'elle nous apporte dans sa fine corbeille, tressée selon la tradition pure, c'est la révolte de jeunesse et de reviviscence, l'immortelle candeur irritée devant les tourments de ce monde, l'immortelle allégresse du désir...

(*Le Gaulois*, 2 juillet 1902).

De M Marcel Proust sur les *Eblouissements* :

... J'aurais aimé m'attarder aux beautés de pure technique aussi bien qu'aux autres, vous signaler au passage... tant de notations d'une justesse délicieuse :

> Dans les taillis serrés ou la pie en sifflant
> Roule sous les sapins comme un fruit noir et blanc.
> ... Près des flots de la Drance
> Où la truite glacée et fluide s'élance,
> Hirondelle d'argent aux ailerons mouillés...

Métaphores qui se composent et nous rendent le mensonge de notre première impression, quand nous promenant dans un bois ou suivant les bords d'une rivière nous avons pensé d'abord en entendant rouler quelque chose que c'était quelque fruit et non un oiseau, ou quand surpris par la vive fusée au-dessus

des eaux d'un brusque essor, nous avons cru au vol
d'un oiseau avant d'avoir entendu la truite retomber
dans la rivière. Mais ces charmantes et toutes vives
comparaisons qui substituent à la constatation de ce
qui est la résurrection de ce que nous avons senti...
disparaissent elles-mêmes à côté d'images vraîment
sublimes, toutes créées, dignes des plus belles d'Hugo.
Il faudrait avoir lu toute la pièce sur la splendeur,
l'ivresse, l'élan de ces matinées d'été où on renverse
la tête afin de suivre des yeux un oiseau lancé jusqu'au
ciel, pour éprouver tout le vertige, sentir tout le mys-
tère de ces deux derniers vers :

> Tandis que détaché d'une invisible fronde
> Un doux oiseau jaillit jusqu'au sommet du monde

Connaissez-vous une image plus splendide et plus
parfaite que celle-ci : (il s'agit de ces admirables Eaux
de Damas qui s'élancent et montent dans le fût des
fontaines, puis retombent, font passer partout les lin-
ges mouillés de leur fraîcheur et l'odeur du melon
et des poires crassanes avec un parfum de rosier).

> ..... Comme une jeune esclave
> Qui monte, qui descend, qui parfume et qui lave !

Là encore pour comprendre toute la noblesse, toute
la pureté, tout l'*inventé* de cette image si soudaine et
si achevée, qui naît immédiate et complète, il faut
relire la pièce, l'une des plus *poussées* en expression,
des plus entièrement senties aussi de ce volume,
peinte du commencement jusqu'à la fin, en face, en
présence d'une sensation pourtant si fugace qu'on sent
que l'artiste a dû être obligé de la recréer mille fois

en lui pour prolonger les instants de la pose et pouvoir achever sa toile d'après nature, — une des plus étonnantes réussites, le chef d'œuvre peut-être de l'*impressionnisme* littéraire.

(*Le Figaro* 15 juin 1907.

De M. Emile Faguet, à propos de la *Nouvelle Espérance :*

Cette femme aura bien du talent. Elle est dans le train qui y mène. Et sa station n'est pas très loin.

(*La Revue latine*).

De M. Emile Ripert :

On ne sait si c'est artifice ou naïveté, sa façon d'assembler les mots. On est étonné, on ne comprend pas trop. Pourtant on voit, on sent, on entend... Dans une de ses dernières poésies elle parle ainsi :

Au cercle étroit d'un bassin rond et gris,
L'eau s'endormait, petite eau qui se rouille.

« Petite eau qui se rouille... » Si vous comprenez, moi pas. Seulement je *vois* l'eau stagnante, un peu rouge, je sens l'odeur de l'eau morte, et tout le calme inerte, l'ennui qui use et qui ronge... Les images aussi sont nouvelles : Madame de Noailles se dit « lasse comme un jardin sur lequel il a plu », et ce simple vers assimile si parfaitement certaines journées d'accablement, de calme désespoir après la crise violente des pleurs à l'aspect du feuillage lourd, des fleurs froissées, des terres humides, qu'on admire ce génie instinctif qui, du premier coup et sans tâtonnements, aboutit aux effets que chercherait en vain l'art le plus profond...

(La Revue Hebdomadaire).

De M. Auguste Dorchain :

On ne peut s'y méprendre ; il y a ici plus que de talent, plus que de l'art, plus que la réalisation patiente et achevée d'un beau rêve : il y a la ferveur, il y a l'enthousiasme, il y a l'oubli total de soi-même, ou plutôt, ce qui est la même chose, le don absolu de tout son être, âme et corps, comme aux plus saintes minutes d'un grand amour, — il y a le génie.

(Les Annales politiques et littéraires).

De M. Lucien Corpechot :

Nul écrivain ne nous a jamais renseignés avec autant d'abondance et de sincérité sur les mouvements secrets de la sensibilité féminine. Il entre dans le génie de Madame de Noailles une franchise qui lui donne le courage d'exprimer tout ce qu'elle sent. Elle ne s'abuse point sur elle-même quand elle écrit :

> J'ai vu ce que j'ai vu et ce que j'ai senti
> D'un cœur pour qui le vrai ne fut point trop hardi.

La *Nouvelle Espérance*, contenait de véritables révélations. Le *Visage émerveillé* nous livre toute une vie intérieure.

(Le Soleil, 28 juin 1904)*.

De M. Pierre Hepp :

Le don prépondérant de Madame de Noailles, c'est
une haute vertu de suggestion. Son secret, c'est qu'à
la rencontre de tout objet senti se porte instantanément
un représentant verbal, avant qu'intervienne la moindre
opération abstraite. Il en résulte une unité d'éclosion,
une adaptation de terminologie qui déjoue les repro-
ches des professeurs de syntaxe.

(*La Grande Revue*).

BIBLIOGRAPHIE

L'ŒUVRE.

Le Cœur innombrable, poésies, Paris, Calmann-Lévy, 1901, in-12.— L'*Ombre des Jours*, poésies, Paris, Calmann-Lévy, 1902, in-12. — *La Nouvelle Espérance,* roman, Paris, Calmann-Lévy, 1903, in-12. — *Le Visage émerveillé,* roman, Paris, Calmann-Lévy, 1904, in-12. — *La Domination,* roman, Paris, Calmann-Lévy, 1905, in-12. — *Les Eblouissements,* poésies, Paris, Calmann-Lévy, 1907.

A CONSULTER.

Léon Daudet, à propos de l'*Ombre des Jours,* Le Gaulois, 2 juillet 1902.— *Emile Faguet,* La Revue latine, juillet 1903. — *Lucien Corpechot,* Le Soleil, 28 juin 1904. — *Pierre Hepp,* La Grande Revue, juin 1907. — *Emile Ripert,* la Revue Hebdomadaire, 13 juillet 1907. — *Auguste Dorchain,* les Annales politiques et littéraires, mai 1906. — *Maurice Barrès,* Le Figaro, 9 juillet 1904. — *Marcel Proust,* sur les *Eblouissements,* Le Figaro, 15 juin 1907.— *Léon Blum,* l'*Œuvre poétique de Madame de Noailles,* Revue de Paris, 15 janvier 1908.

TABLE

—

PRIVAS. — IMPRIMERIE LUCIEN VOLLE.

www.ingramcontent.com/pod-product-compliance
Lightning Source LLC
LaVergne TN
LVHW050624090426
835512LV00008B/1652